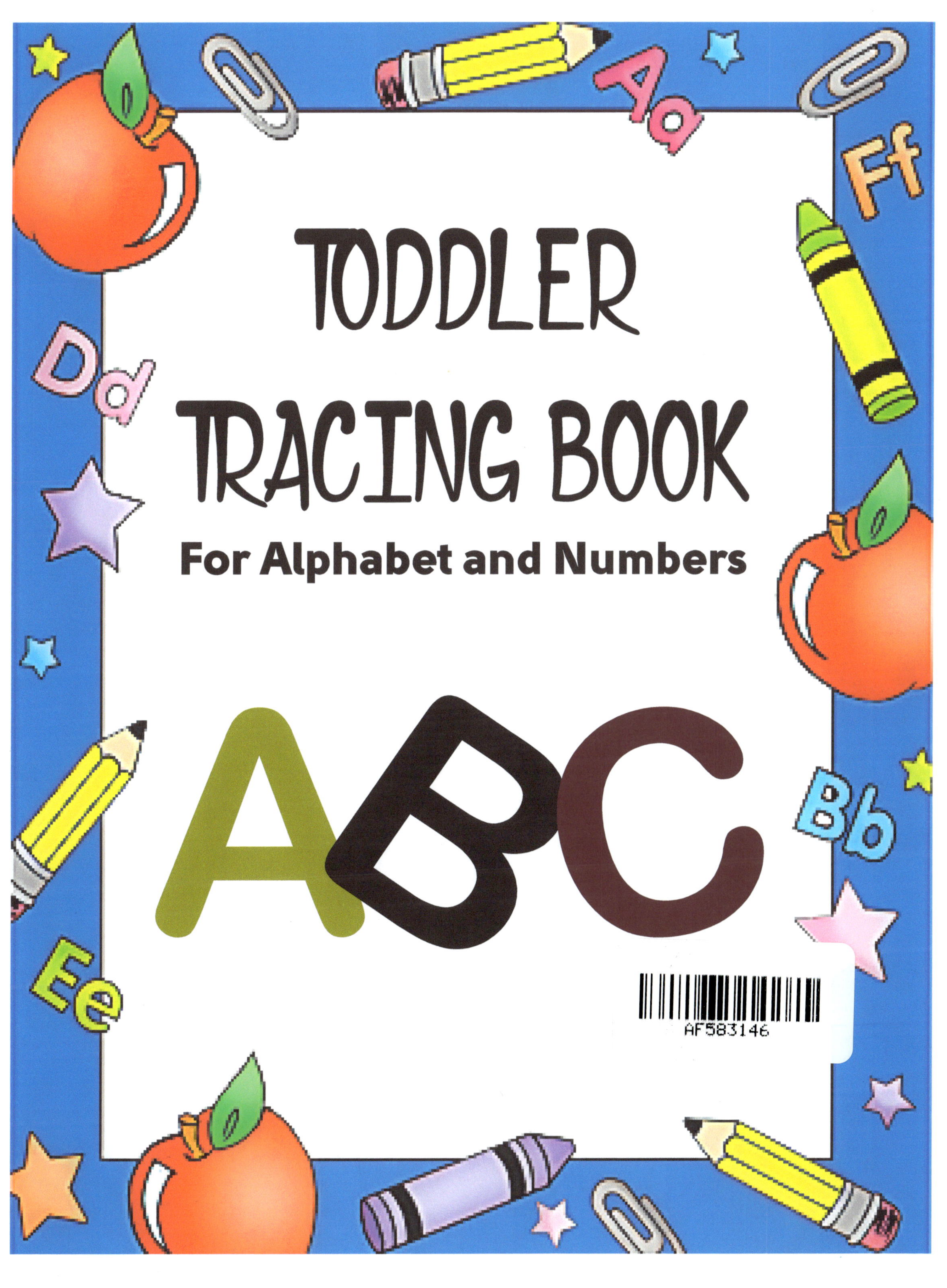
TODDLER
TRACING BOOK
For Alphabet and Numbers
ABC
AF583146

Aa
Ff
Dd
Bb
Ee
This
Toddler Tracing Book
Belongs To:
Name:
Phone Number:
Address:

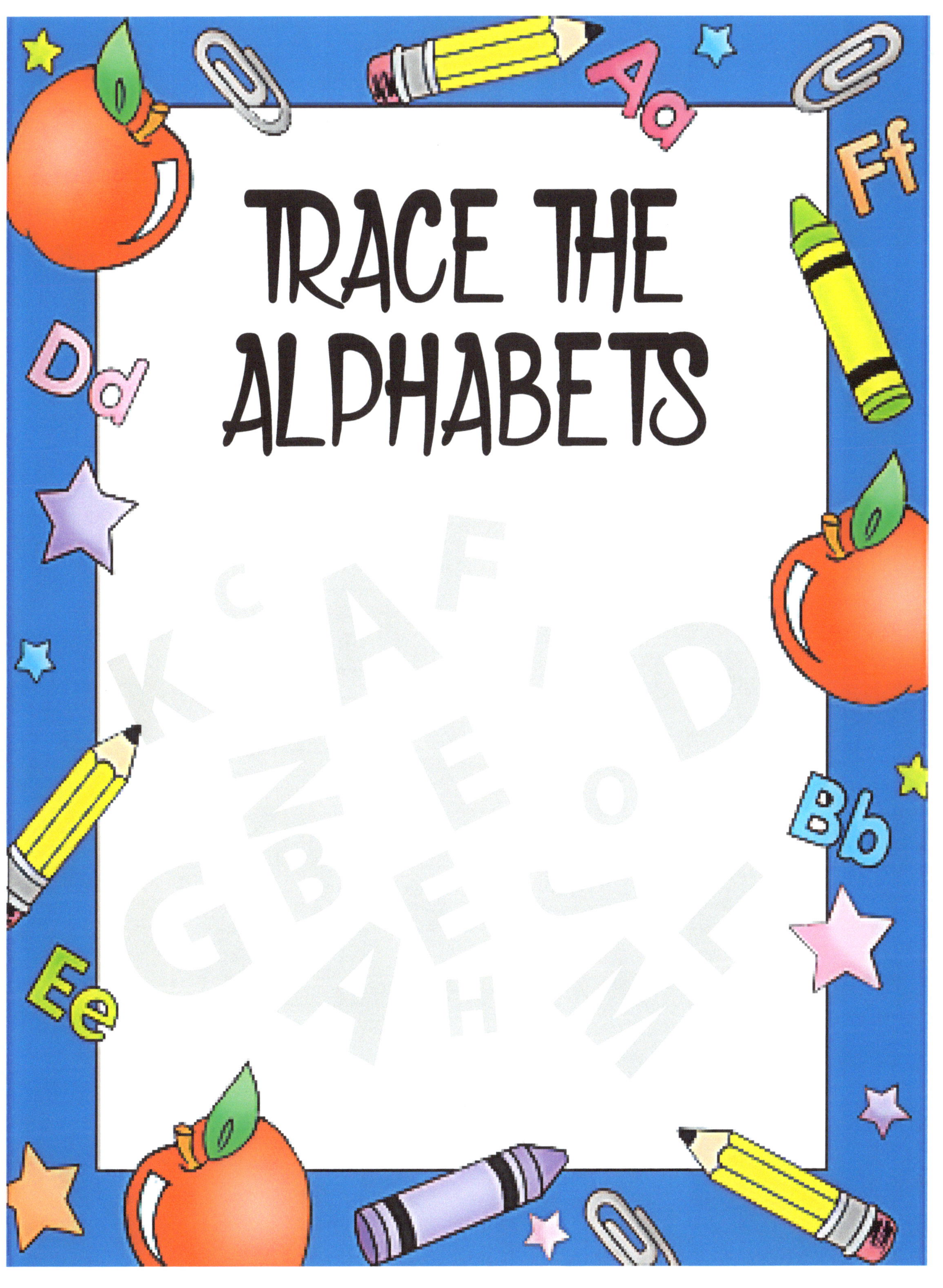
TRACE THE
ALPHABETS
Aa
Ff
Dd
Bb
Ee

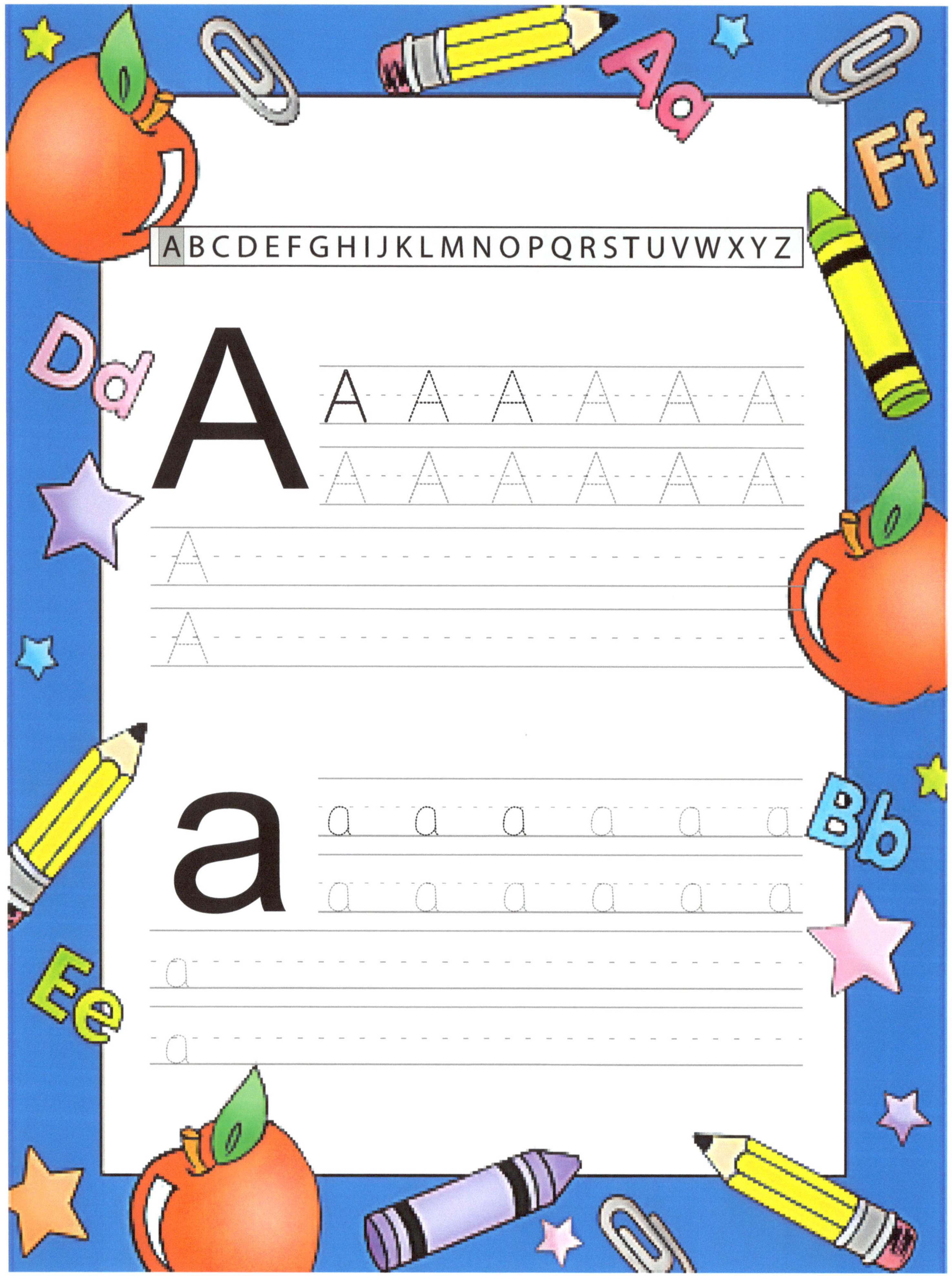
Aa
Ff
Dd
Bb
Ee
ABCDEFGHIJKLMNOPQRSTUVWXYZ
A
A A A A A A
A A A A A A
A
A
a
a a a a a a
a a a a a a
a
a

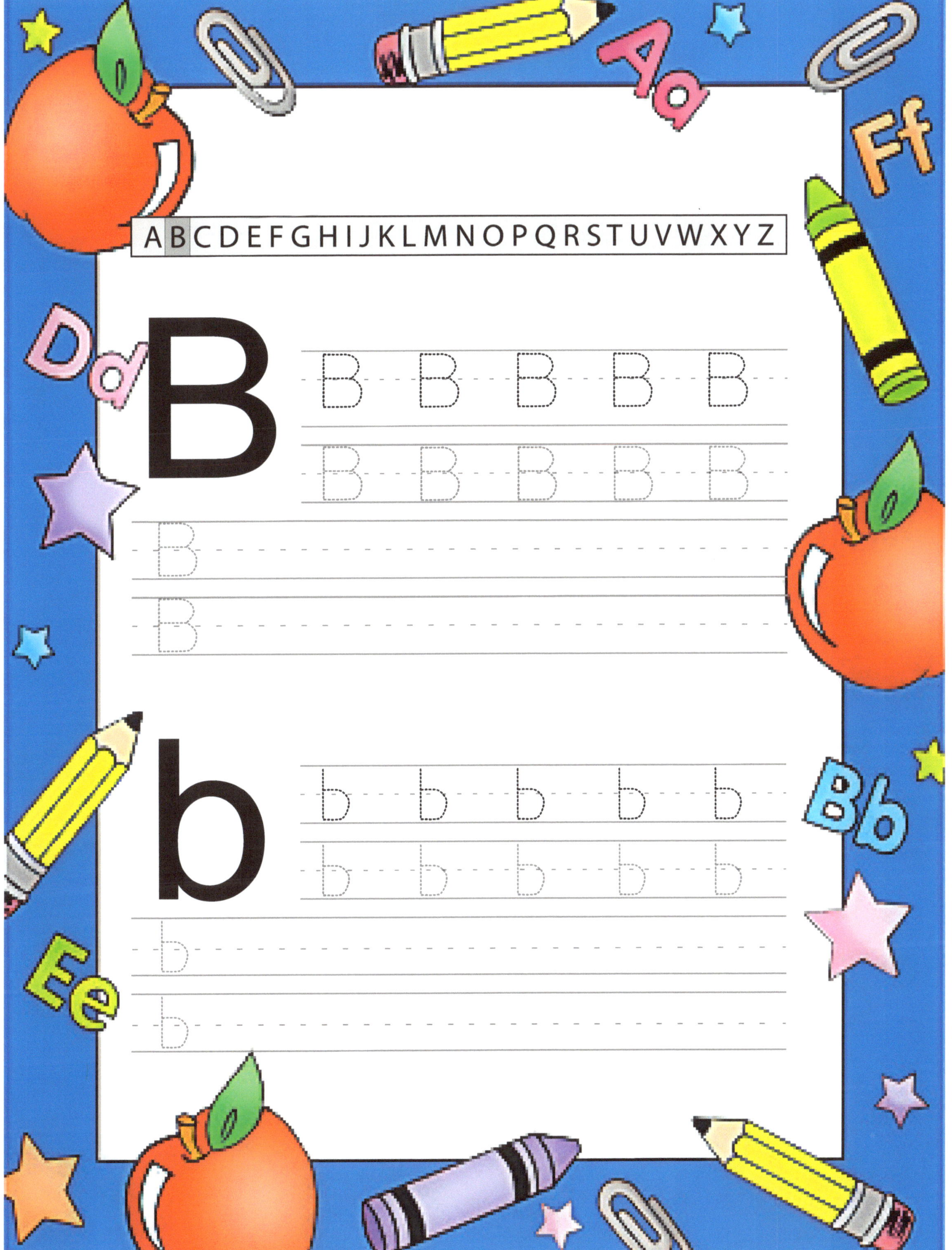

ABCDEFGHIJKLMNOPQRSTUVWXYZ
B
b
Aa
Ff
Dd
Bb
Ee

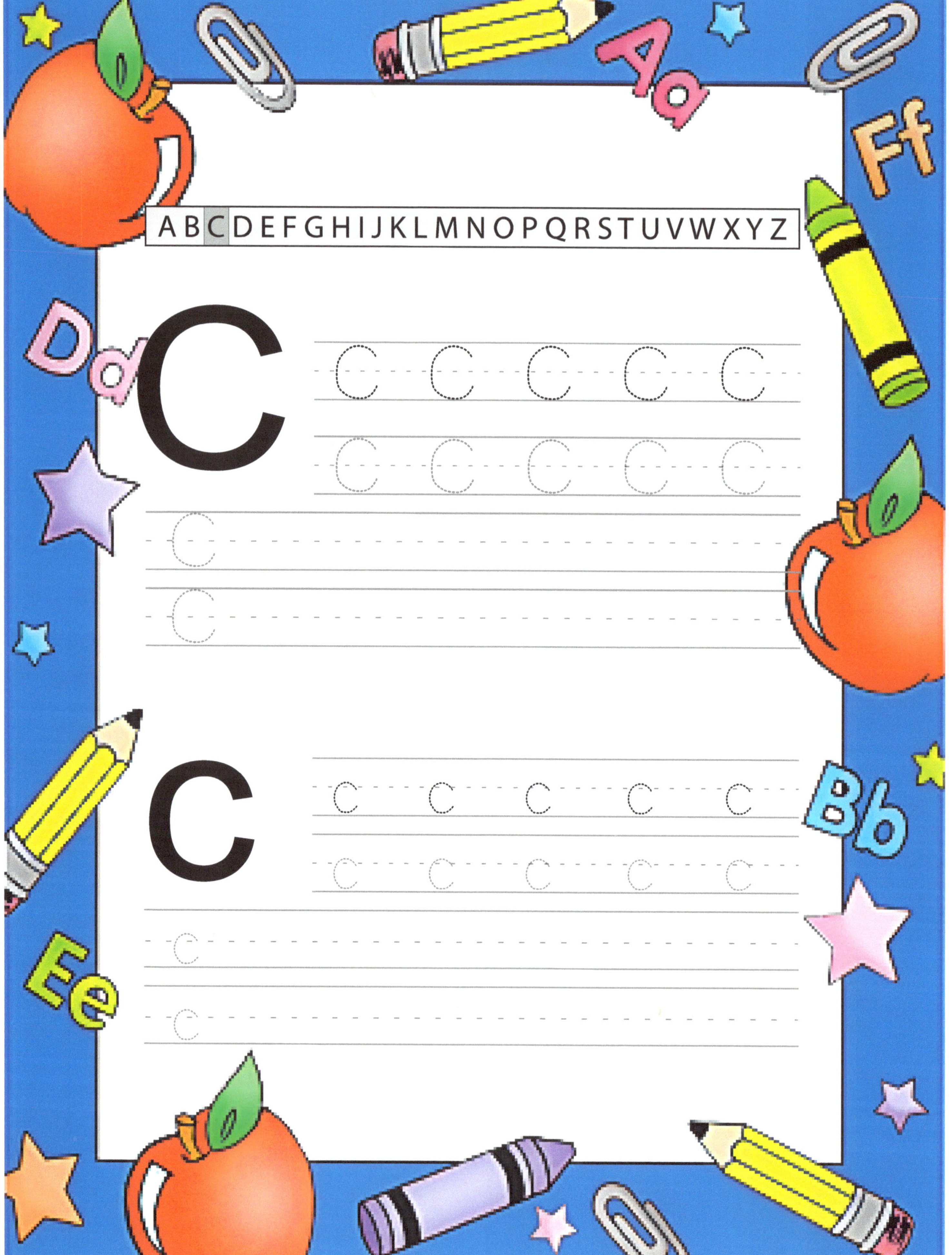

ABCDEFGHIJKLMNOPQRSTUVWXYZ
C
c
Aa
Ff
Dd
Bb
Ee

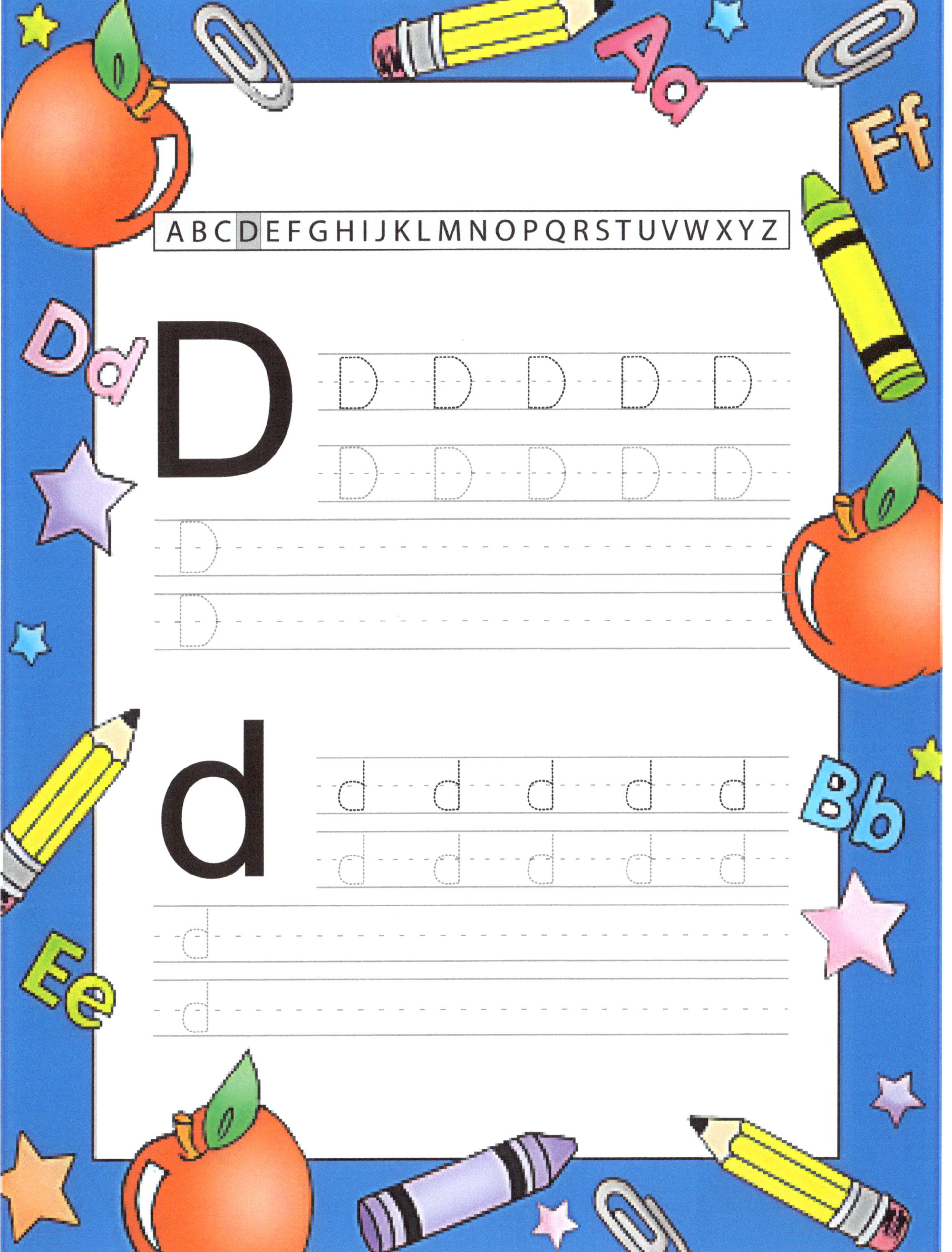

A B C D E F G H I J K L M N O P Q R S T U V W X Y Z
D
d

Aa
Ff
Dd
Bb
Ee
A B C D E F G H I J K L M N O P Q R S T U V W X Y Z
E
E E E E E
E E E E E
E
E
e
e e e e e
e e e e e
e
e

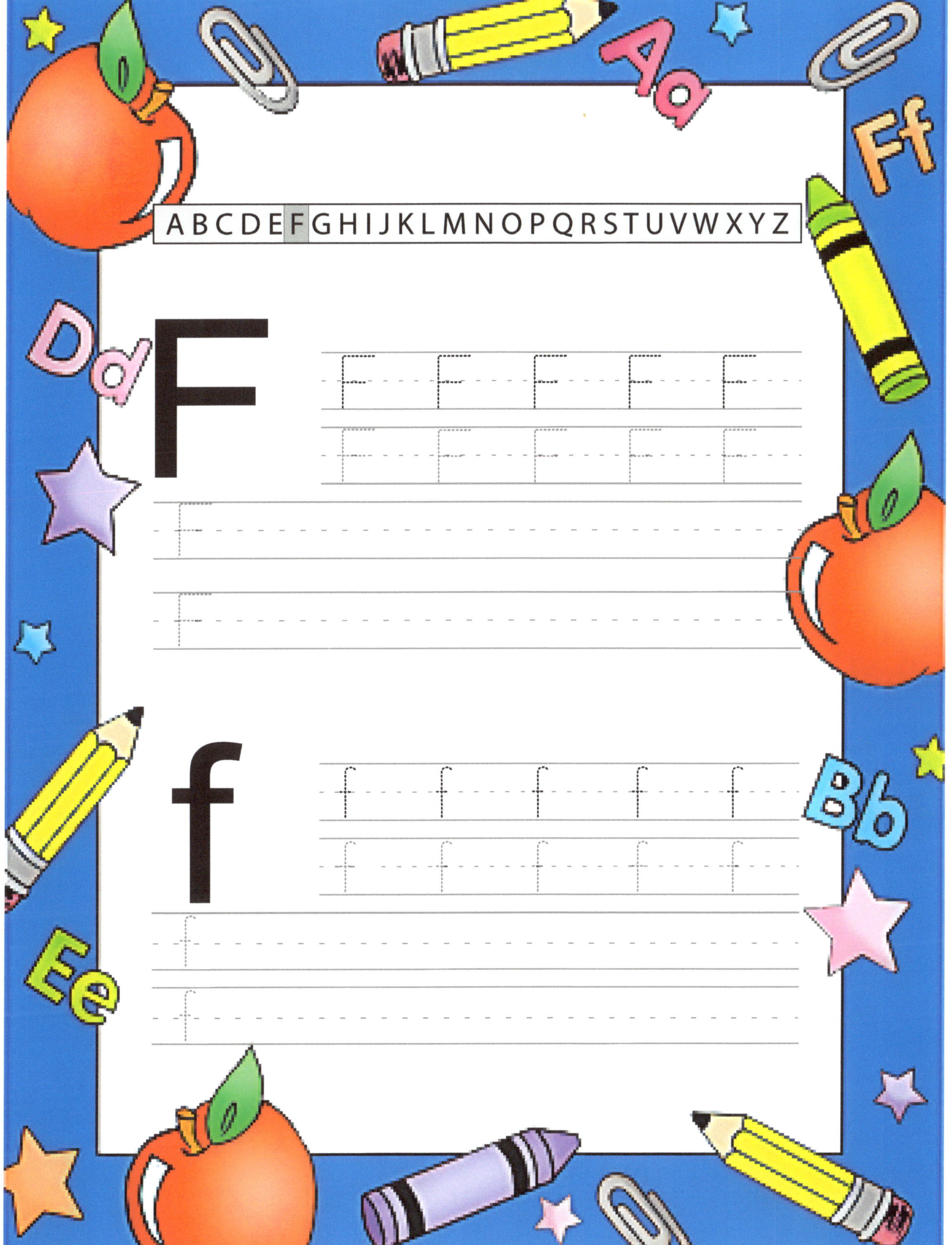

Aa
Ff
A B C D E F G H I J K L M N O P Q R S T U V W X Y Z
Dd
F
f
Bb
Ee

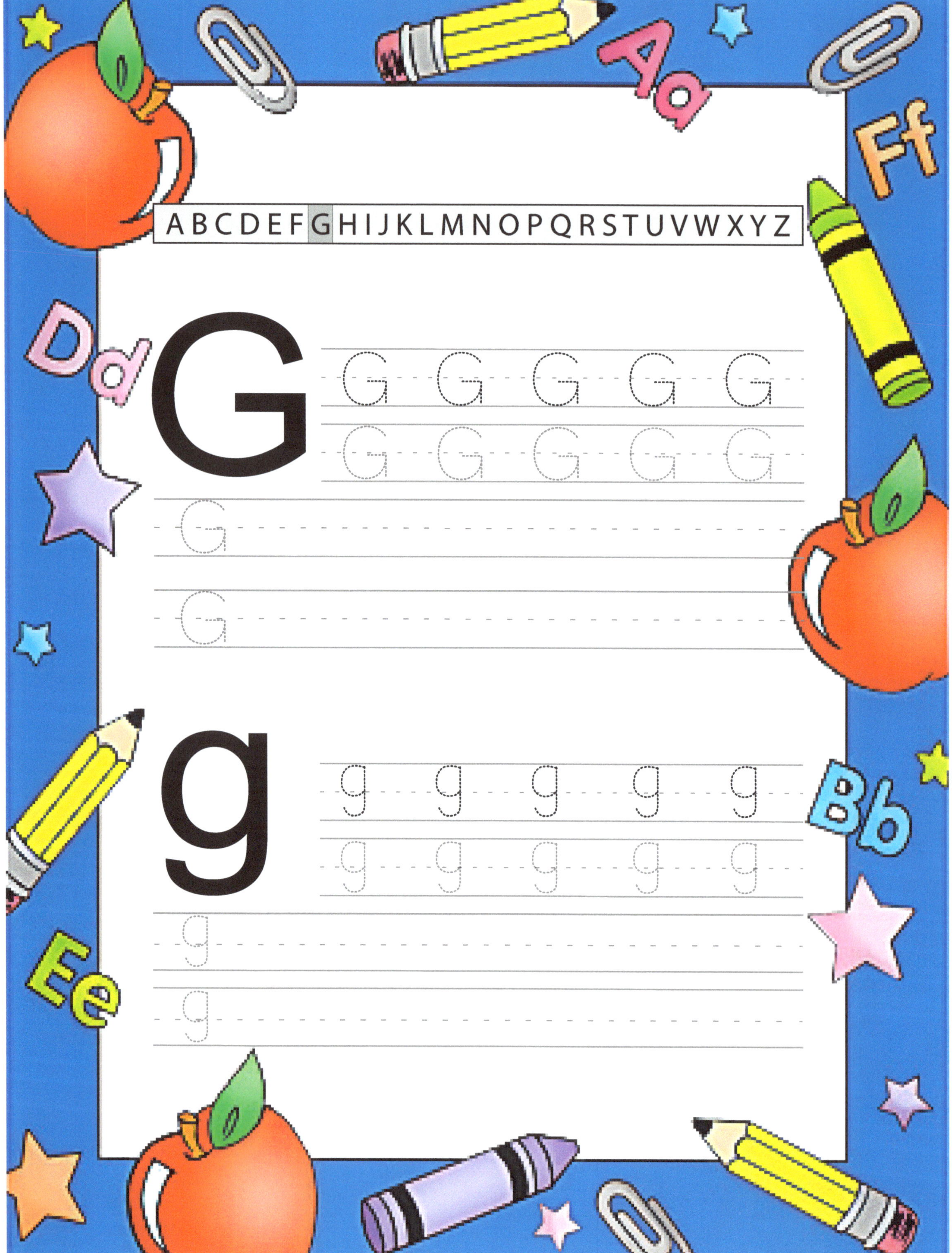
Aa
Ff
Dd
Bb
Ee
A B C D E F G H I J K L M N O P Q R S T U V W X Y Z
G
G G G G G
G G G G G
G
G
g
g g g g g
g g g g g
g
g

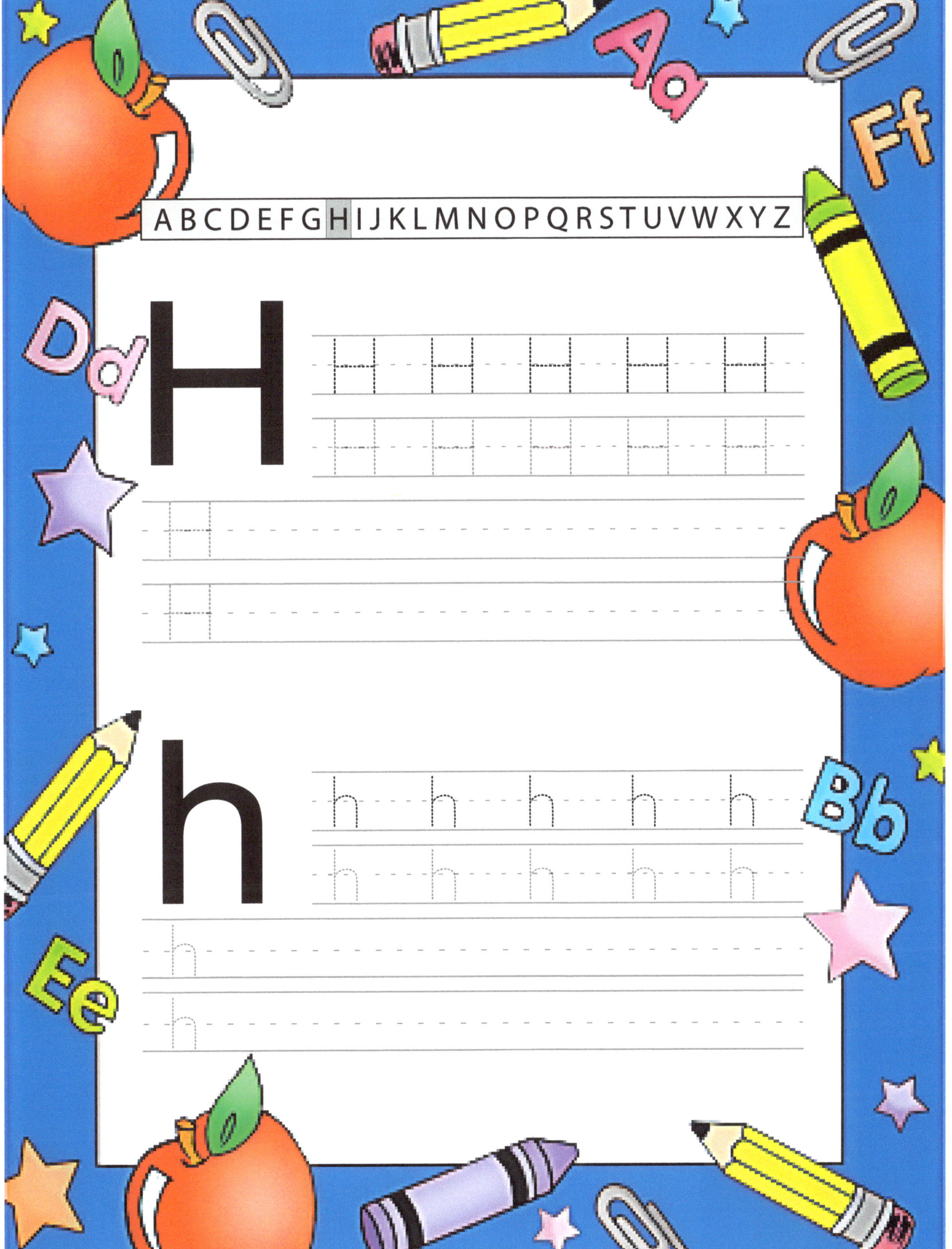
Aa
Ff
Dd
Bb
Ee
ABCDEFGHIJKLMNOPQRSTUVWXYZ
H
h

Aa
Ff
Dd
Bb
Ee
A B C D E F G H I J K L M N O P Q R S T U V W X Y Z
I
i

Aa
Ff
Dd
Bb
Ee
ABCDEFGHIJKLMNOPQRSTUVWXYZ
J
j

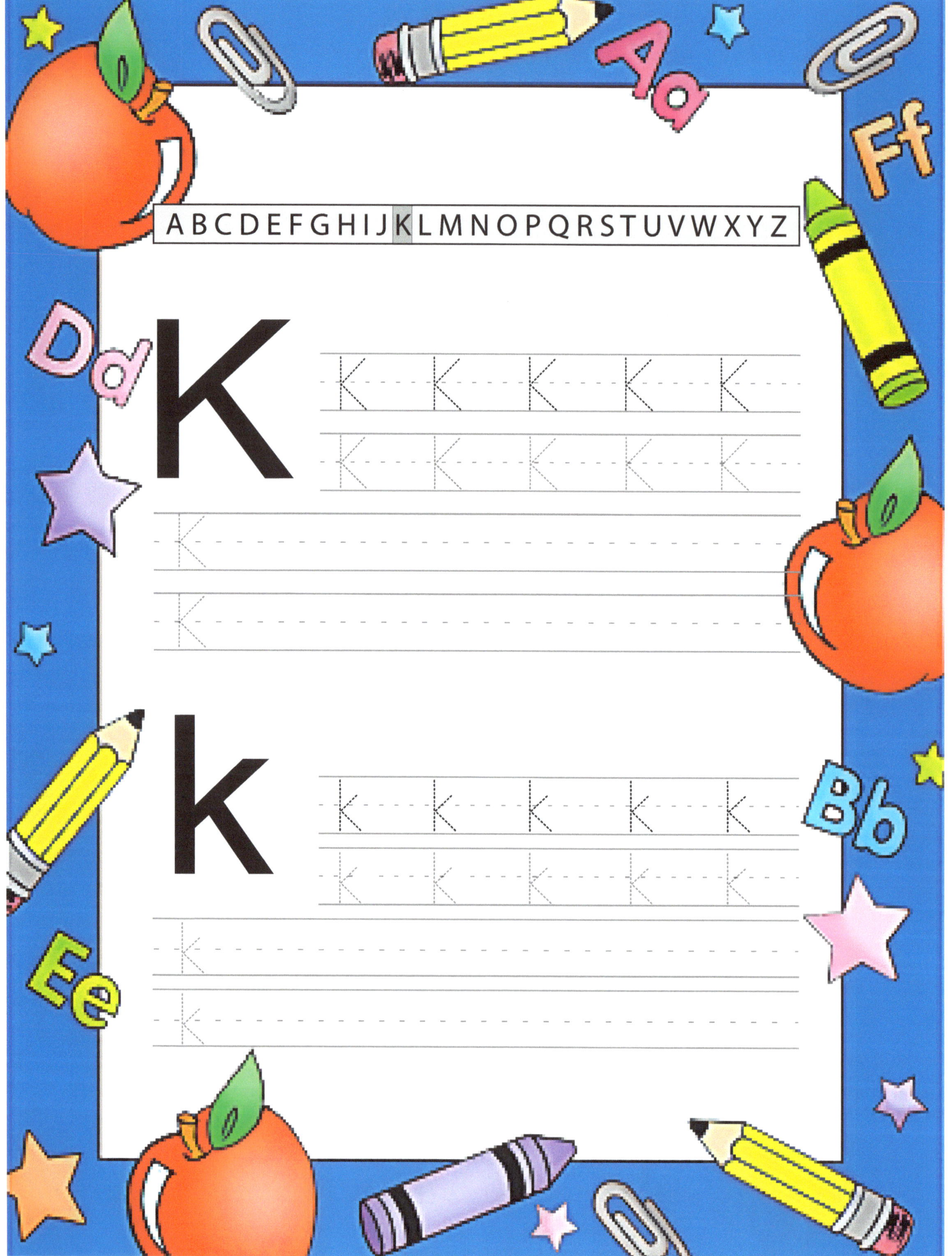
Aa
Ff
Dd
Bb
Ee
ABCDEFGHIJKLMNOPQRSTUVWXYZ
K
k

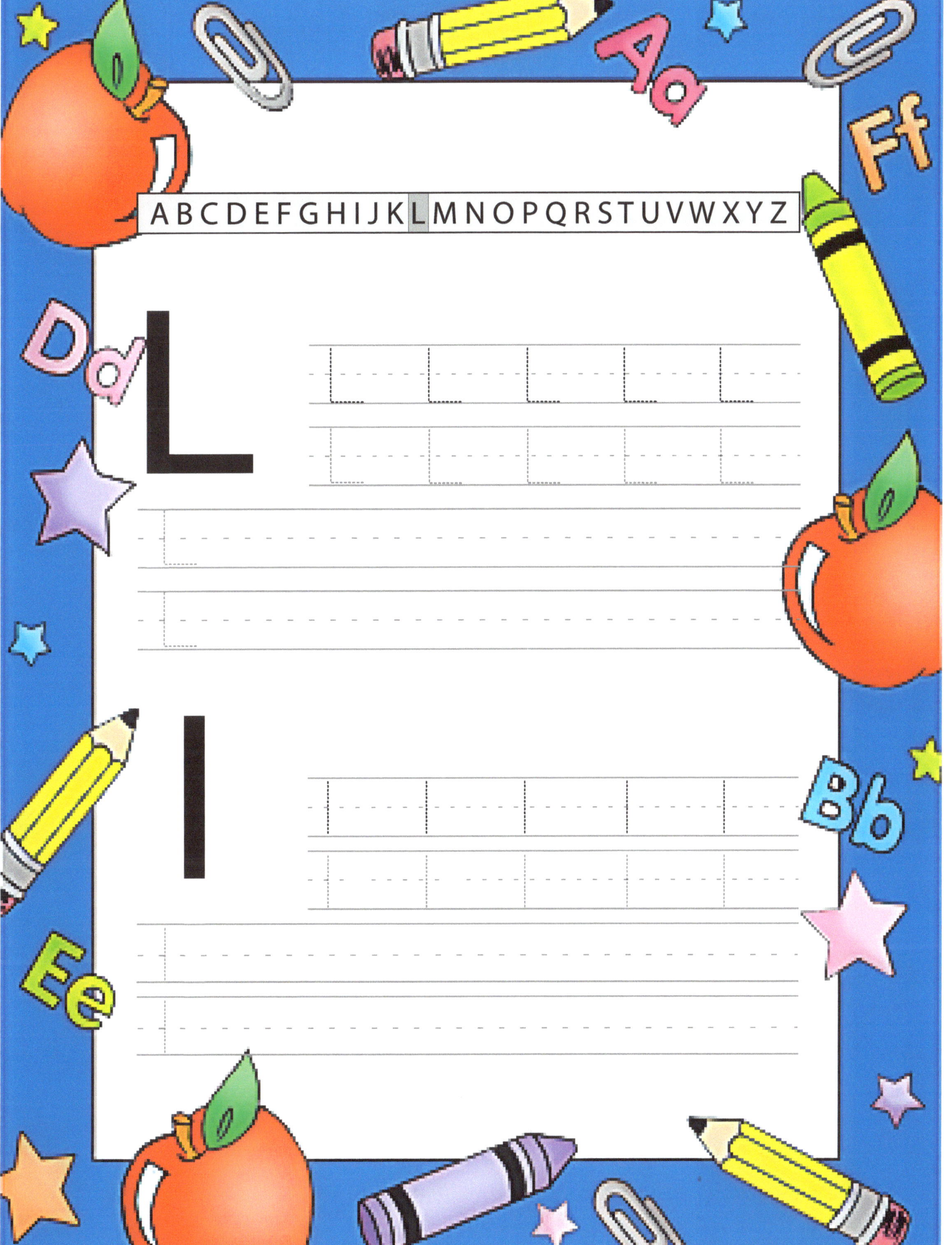

Aa
Ff
Dd
Bb
Ee
ABCDEFGHIJKLMNOPQRSTUVWXYZ
L
l

Aa
Ff
ABCDEFGHIJKLMNOPQRSTUVWXYZ
Dd
M
m
Bb
Ee

Aa
Ff
Dd
Bb
Ee
ABCDEFGHIJKLMNOPQRSTUVWXYZ
N
N N N N N
N N N N N
N
N
n
n n n n n
n n n n n
n
n

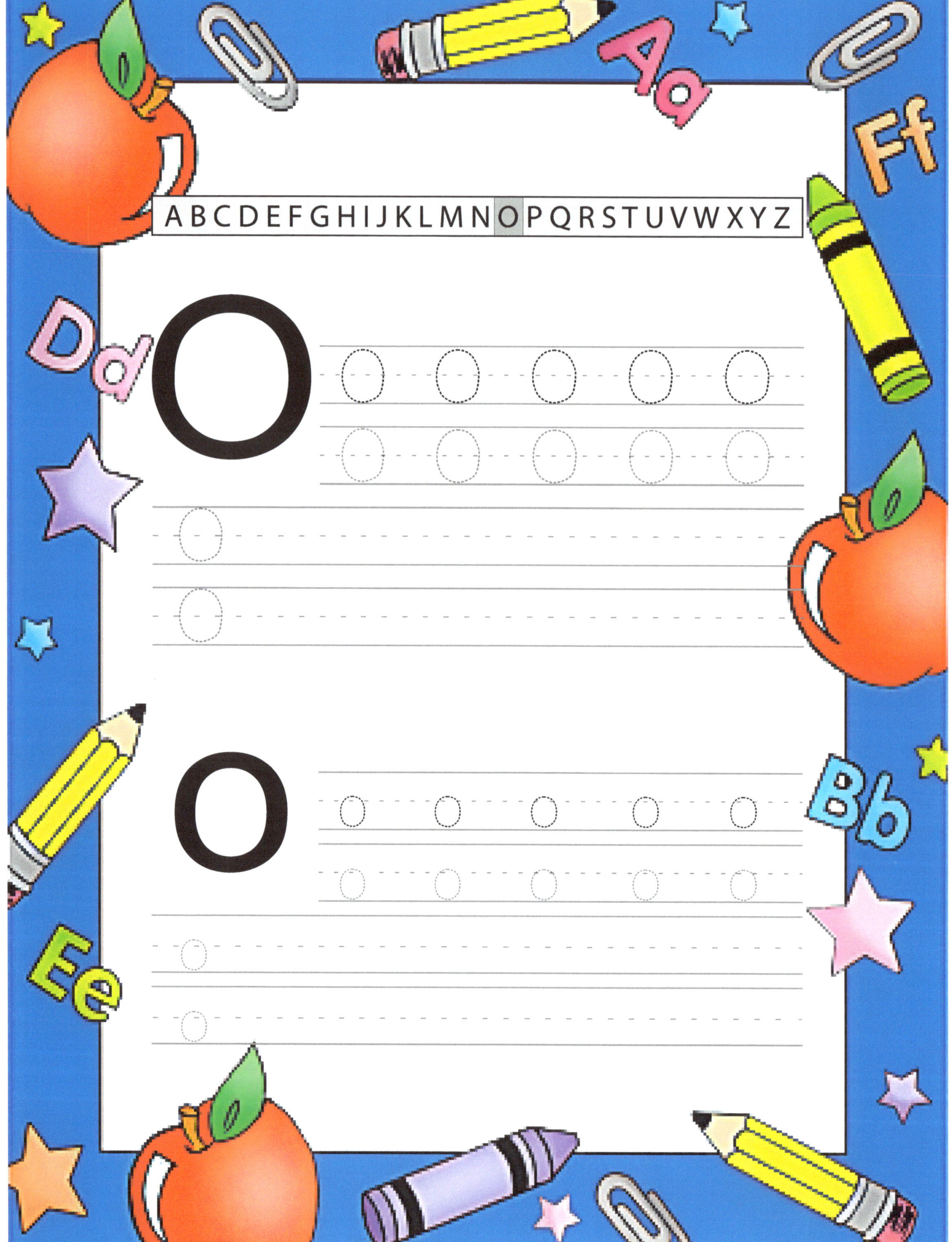

ABCDEFGHIJKLMNOPQRSTUVWXYZ
O
o

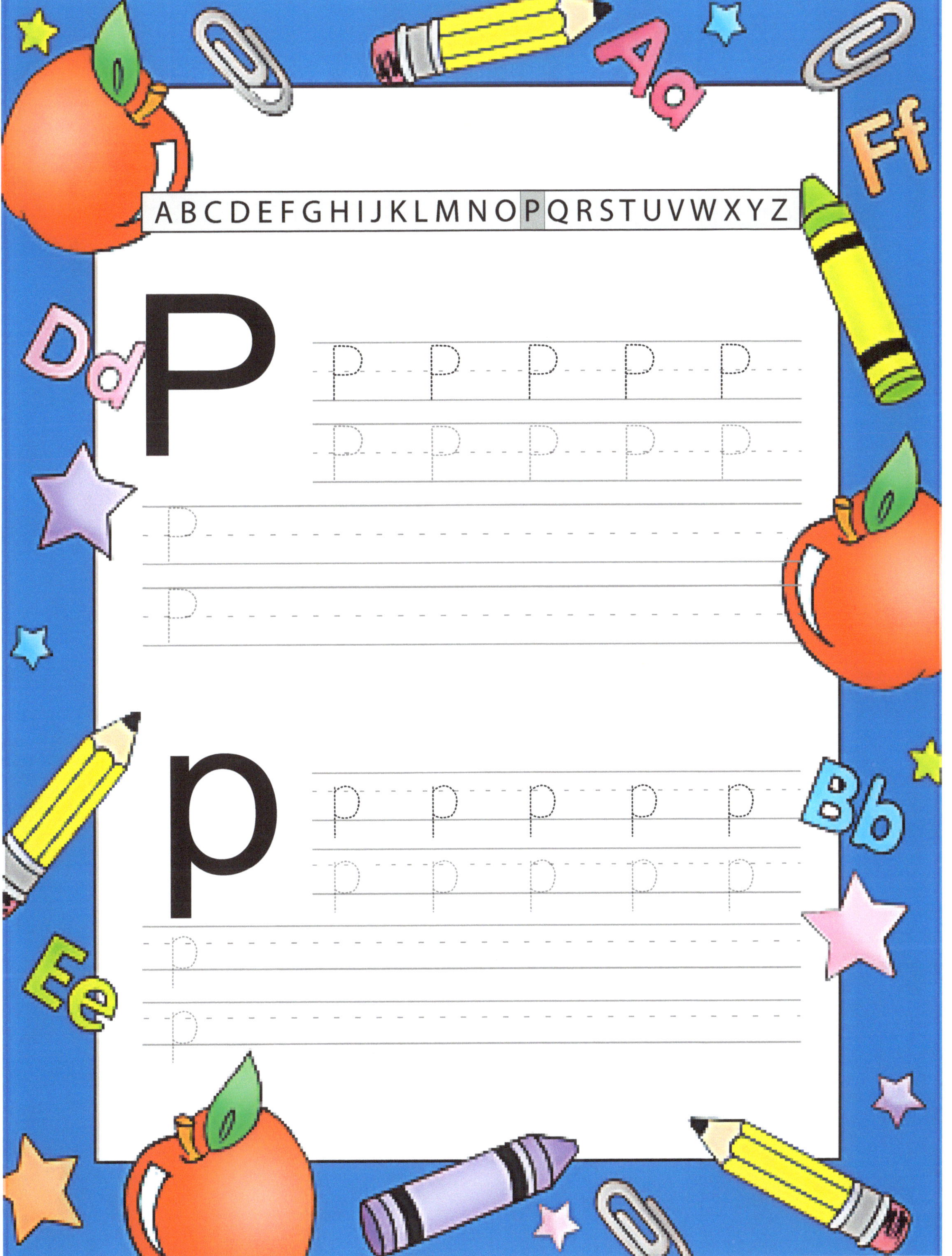

Aa
Ff
Dd
Bb
Ee
ABCDEFGHIJKLMNOPQRSTUVWXYZ
P
p

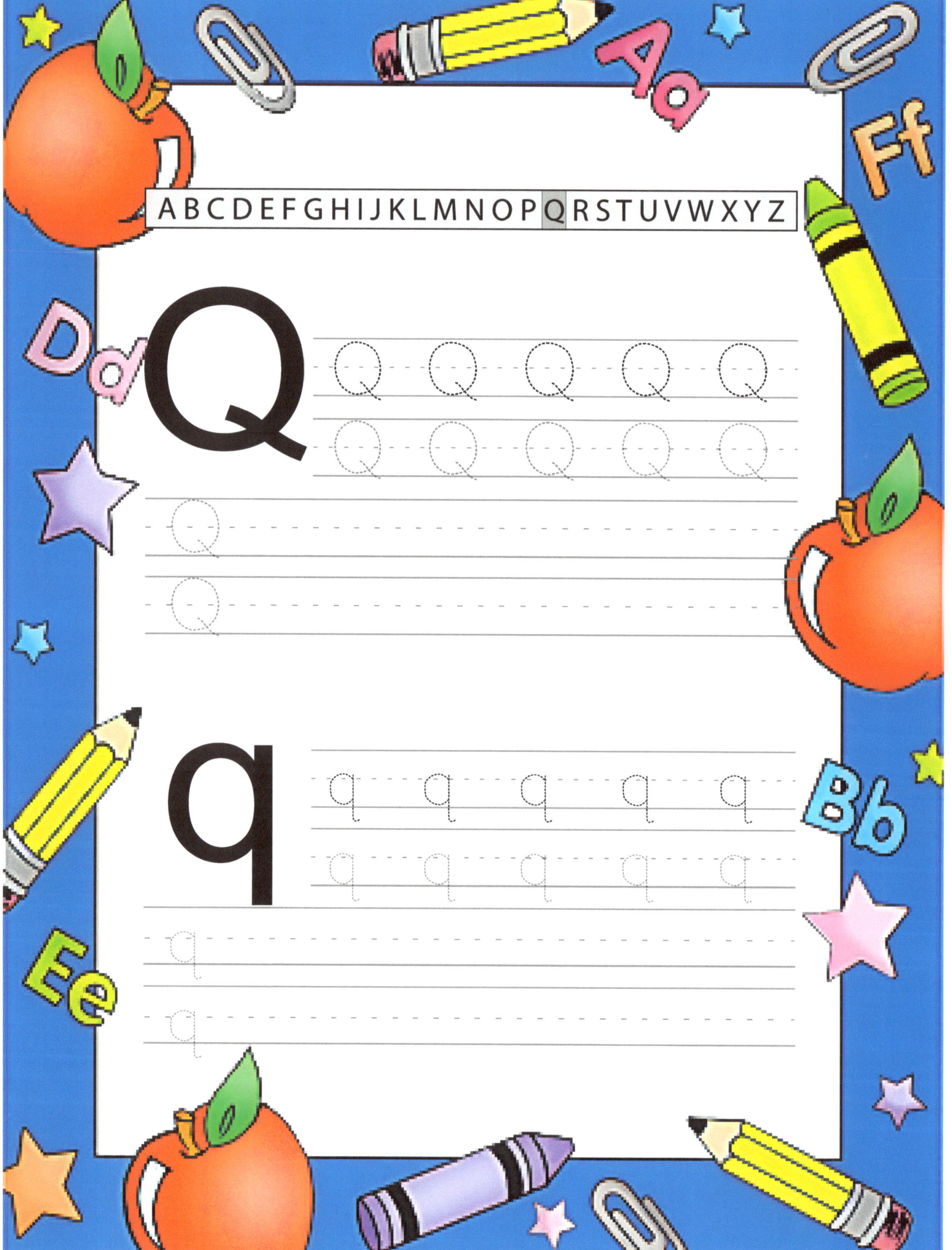

Aa
Ff
ABCDEFGHIJKLMNOPQRSTUVWXYZ
Dd
Q
q
Bb
Ee

Aa
Ff
Dd
Bb
Ee
ABCDEFGHIJKLMNOPQRSTUVWXYZ
R
r

Aa
Ff
ABCDEFGHIJKLMNOPQRSTUVWXYZ
Dd
S
S S S S S
S S S S S
S
S
Bb
s
s s s s s
s s s s s
s
s
Ee

Aa
Ff
Dd
Bb
Ee
ABCDEFGHIJKLMNOPQRSTUVWXYZ
T
t

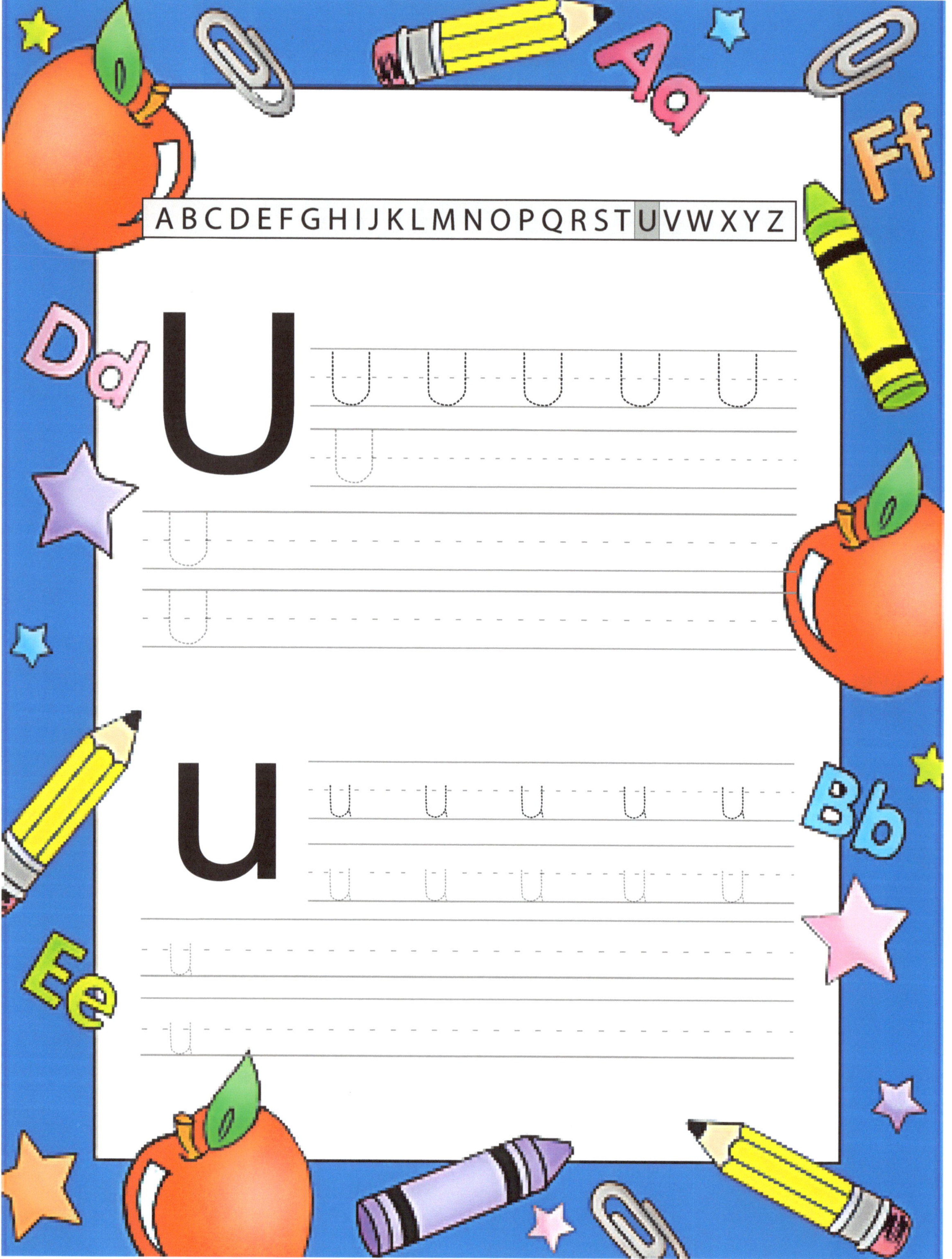

Aa
Ff
Dd
Bb
Ee
ABCDEFGHIJKLMNOPQRSTUVWXYZ
U
u

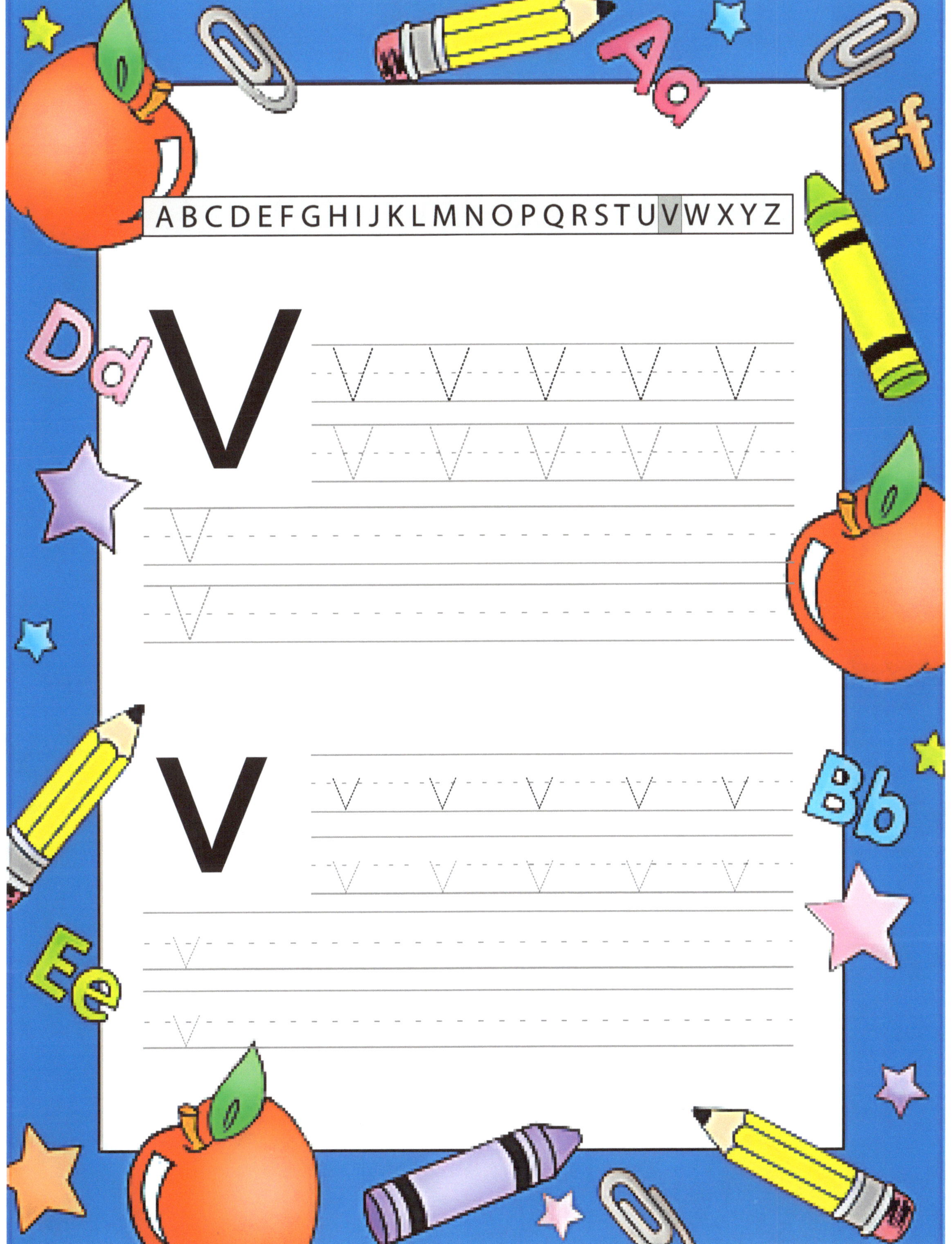

Aa
Ff
Dd
Bb
Ee
ABCDEFGHIJKLMNOPQRSTUVWXYZ
V
v

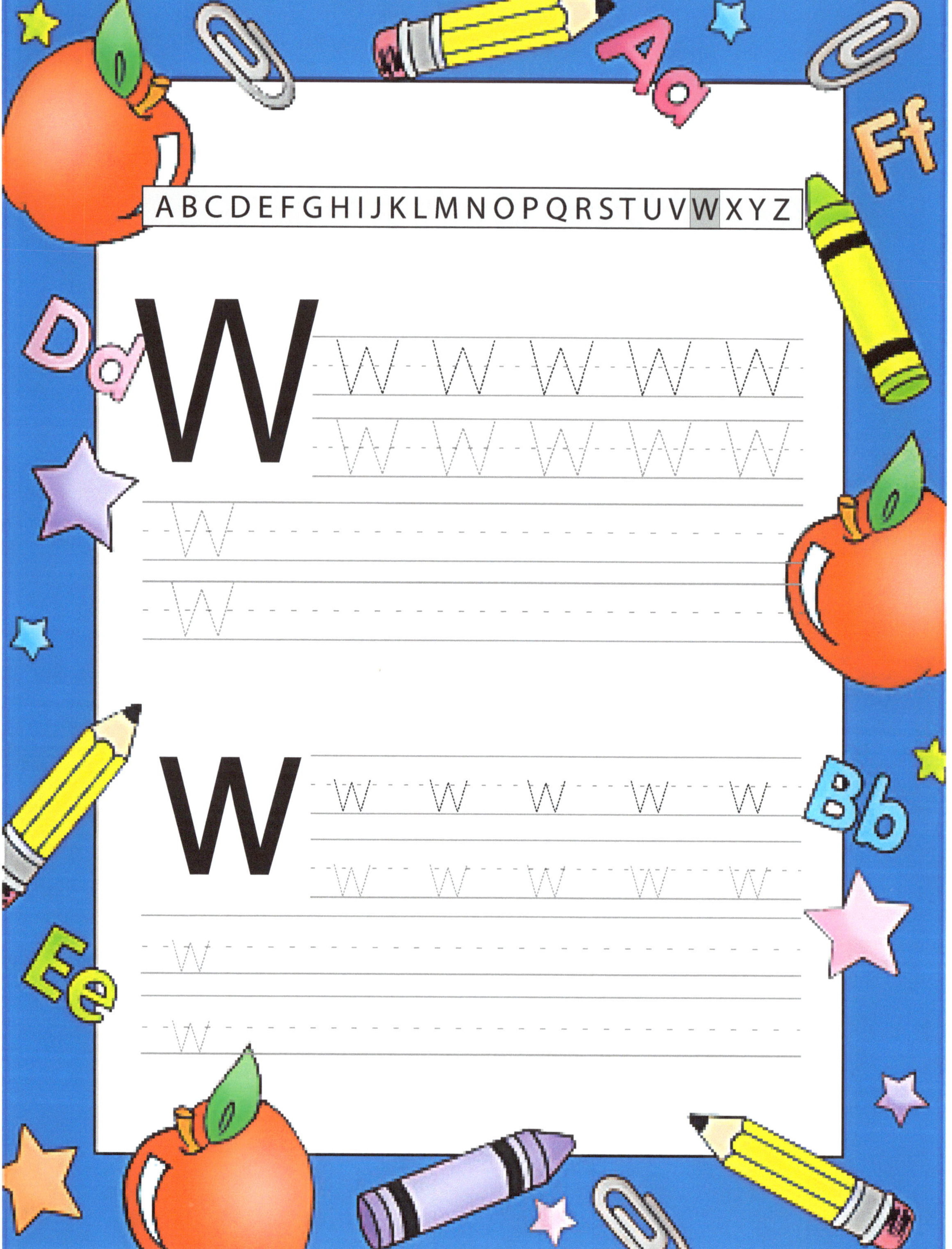
ABCDEFGHIJKLMNOPQRSTUVWXYZ
W
W W W W W
W W W W W
W
W
w
w w w w w
w w w w w
w
w
Aa
Ff
Dd
Bb
Ee

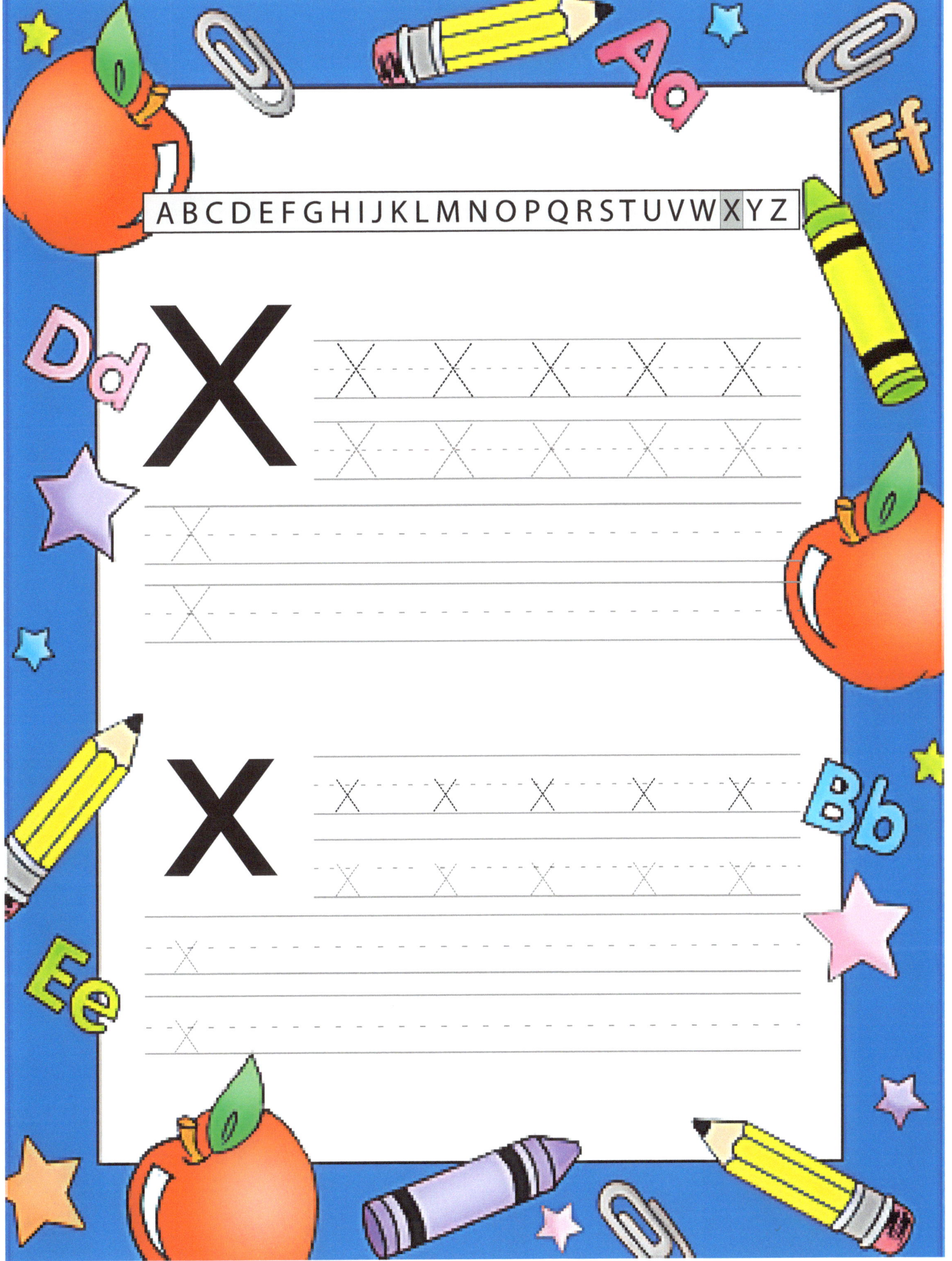

Aa
Ff
Dd
Bb
Ee
ABCDEFGHIJKLMNOPQRSTUVWXYZ
X
X X X X X
X X X X X
X
X
x
x x x x x
x x x x x
x
x

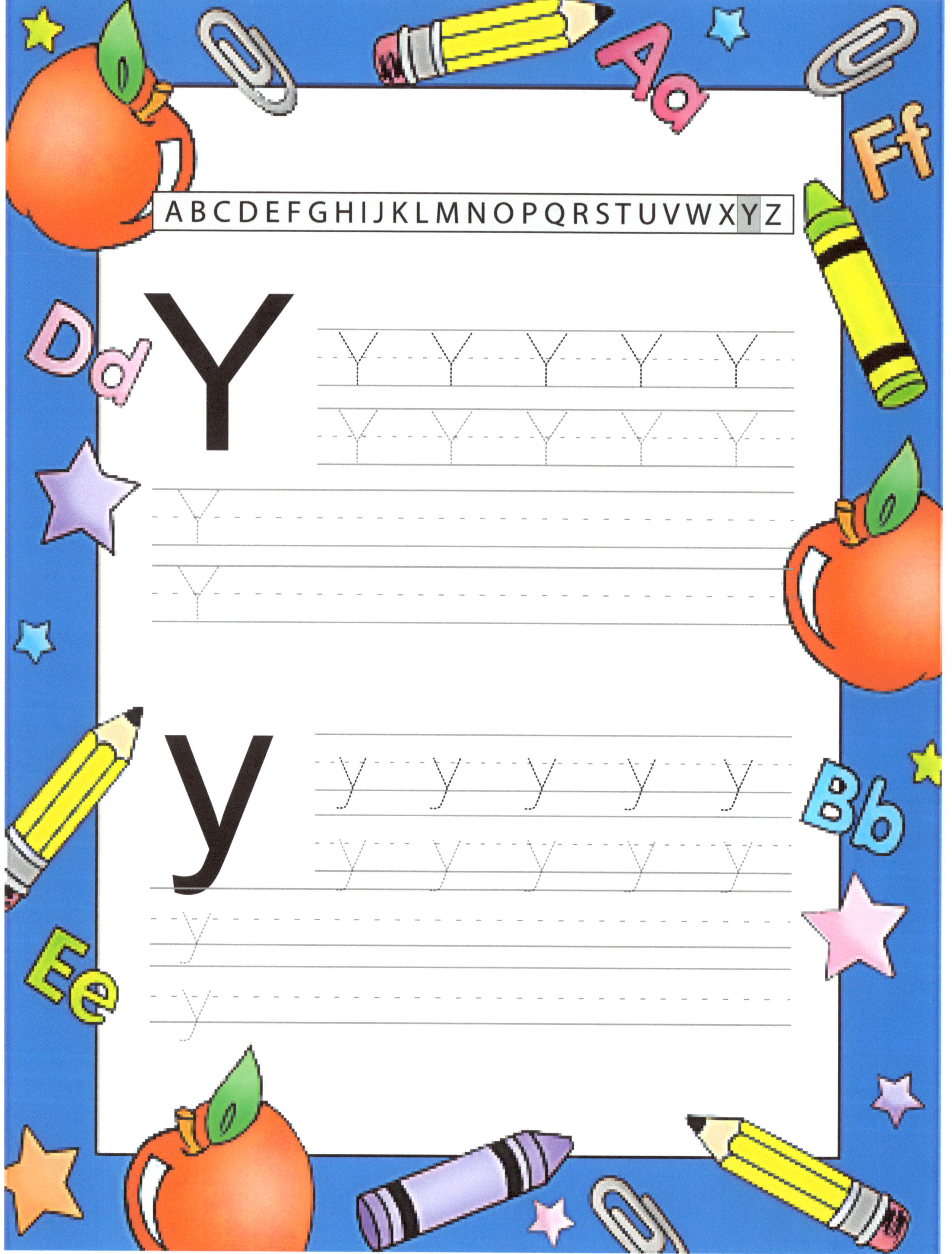

ABCDEFGHIJKLMNOPQRSTUVWXYZ
Y
y

Aa
Ff
Dd
Bb
Ee
ABCDEFGHIJKLMNOPQRSTUVWXYZ
Z
z

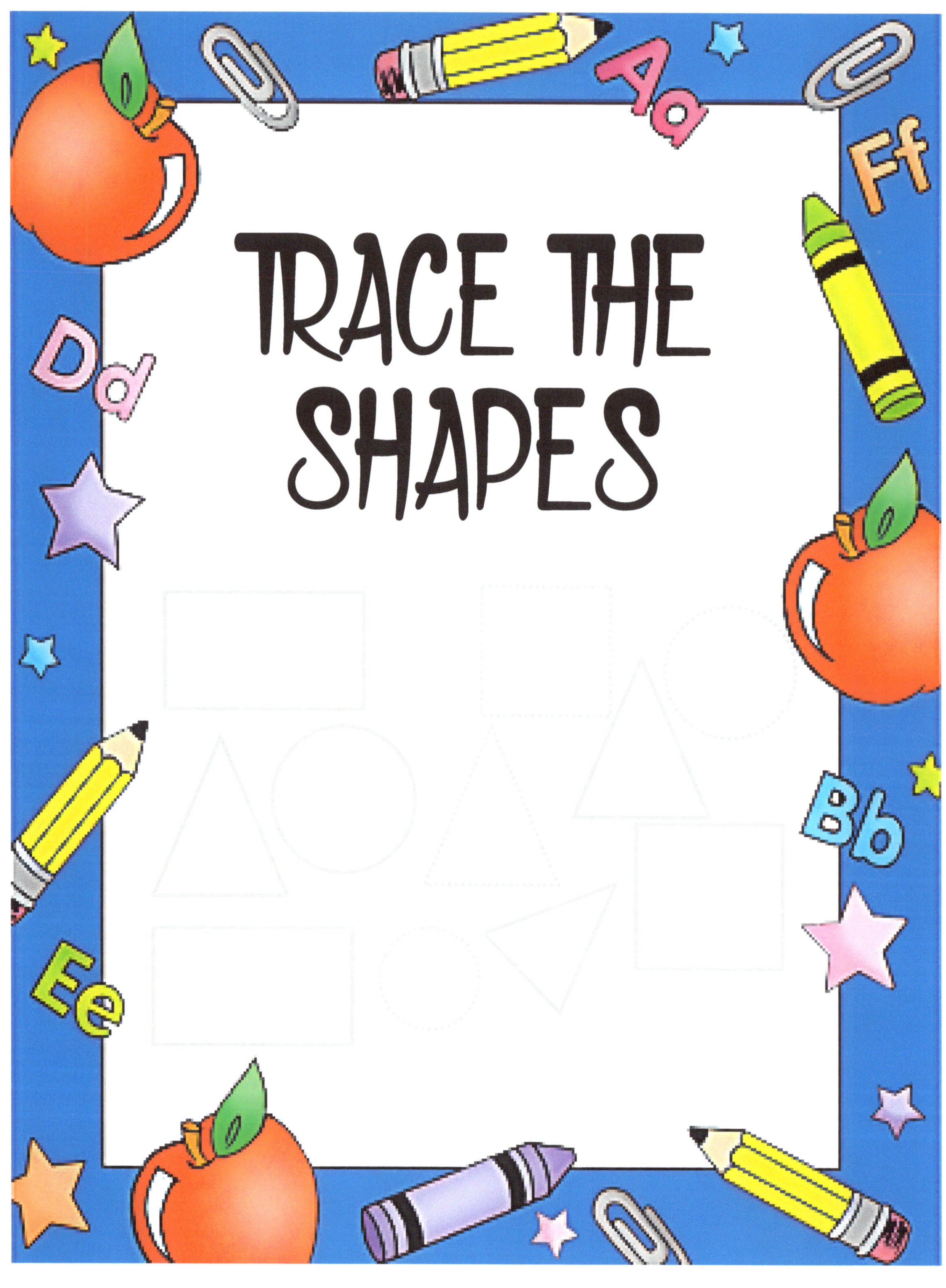
TRACE THE SHAPES
Aa
Ff
Dd
Bb
Ee

Aa
Ff
Dd
Bb
Ee

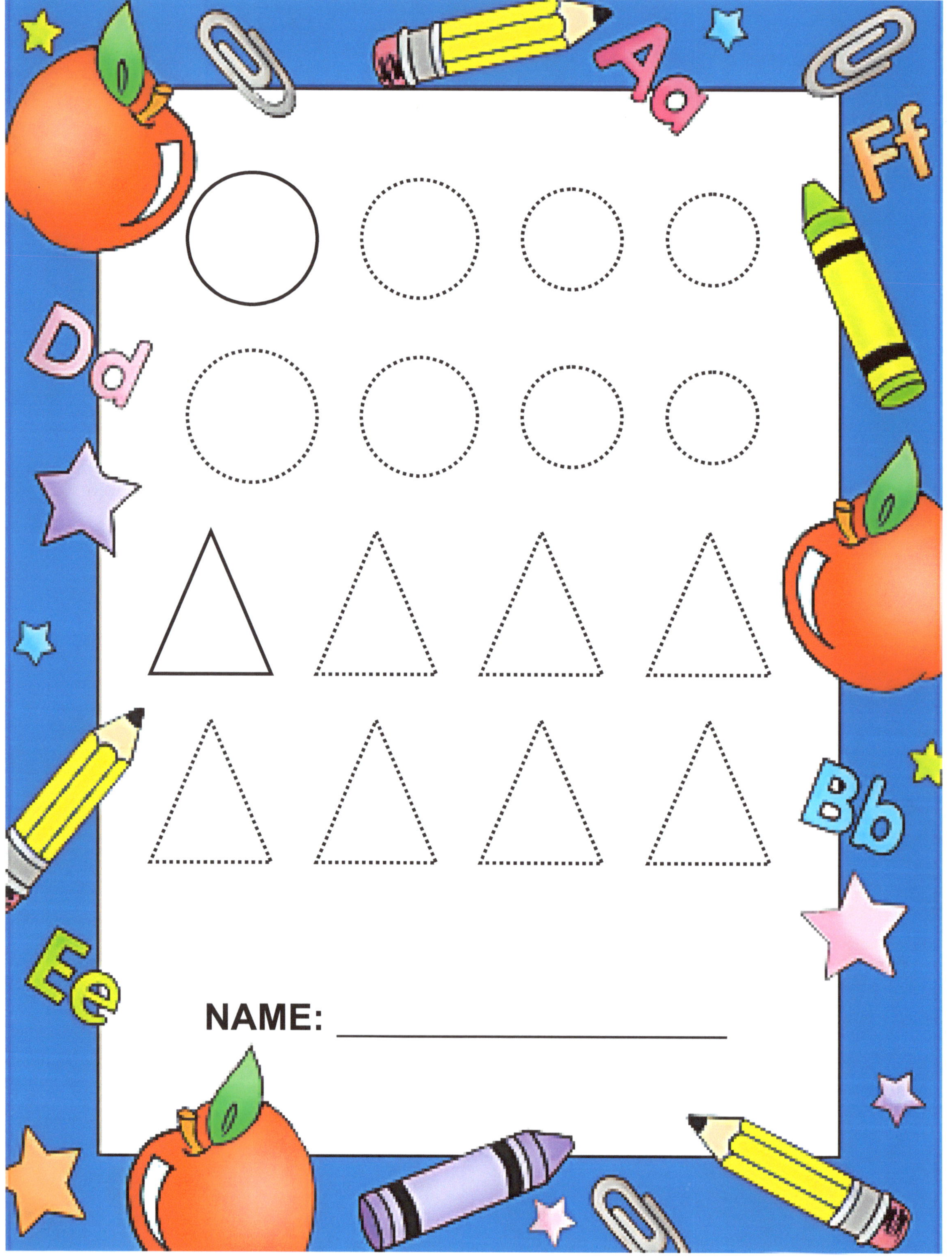
Aa
Ff
Dd
Bb
Ee
NAME:

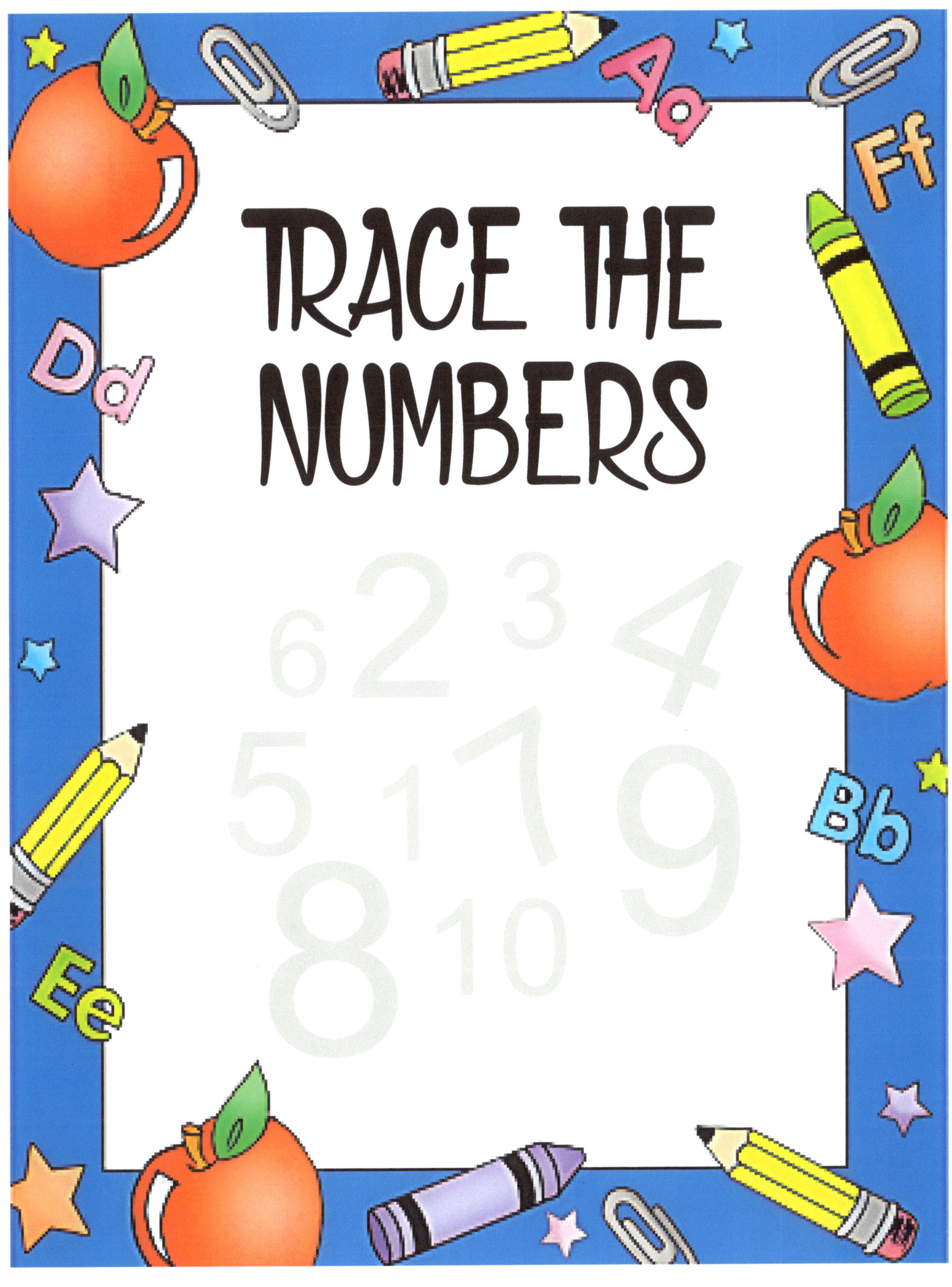
TRACE THE NUMBERS
6 2 3 4
5 1 7 9
8 10
Aa
Ff
Dd
Bb
Ee

1
1
One

2
2
Two

Aa
Ff
Dd
Bb
Ee
3
3
3 3 3 3 3
3 3 3 3 3
3
Three
Three Three
Three Three
Three

Aa
Ff
Dd
4
4
4 4 4 4 4
4 4 4 4 4
4
Four
Four Four
Four Four
Four
Bb
Ee

Aa
Ff
Dd
Bb
Ee
5
5
5 5 5 5 5
5 5 5 5 5
5
Five
Five Five
Five Five
Five

6
6
6 6 6 6 6
6 6 6 6 6
6
Six
Six Six
Six Six
Six

Aa
Ff
Dd
Bb
Ee
7
7
Seven

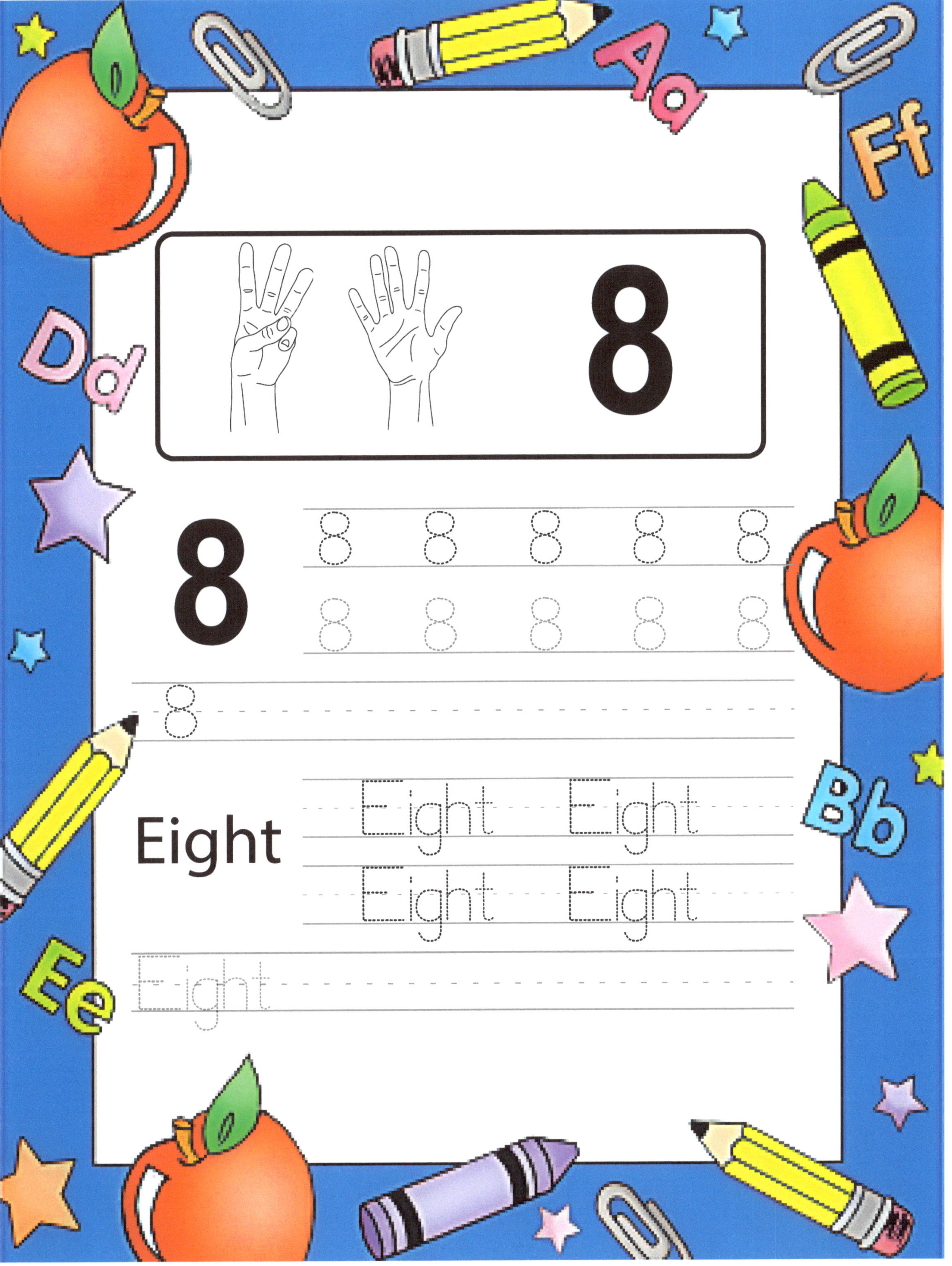
8
8
8 8 8 8 8
8 8 8 8 8
8
Eight
Eight Eight
Eight Eight
Eight
Aa
Ff
Dd
Bb
Ee

9
9
9 9 9 9 9
9 9 9 9 9
9
Nine
Nine Nine
Nine Nine
Nine

10
10
10 10 10 10 10
10 10 10 10 10
10
Ten
Ten Ten
Ten Ten
Ten
Aa
Ff
Dd
Bb
Ee

EXAM
Let's practice

Aa
Ff
Dd
Bb
Ee

Aa
Ff
Dd
Bb
Ee

Aa
Ff
Dd
Bb
Ee

Aa
Ff
Dd
Bb
Ee

Aa
Ff
Dd
Bb
Ee

Aa
Ff
Dd
Bb
Ee

www.ingramcontent.com/pod-product-compliance
Lightning Source LLC
LaVergne TN
LVHW071200160826
845679LV00003B/706
9798849000220